101

COSAS QUE DEBERÍAS SABER SOBRE LOS

CASTILLOS MEDIEVALES

Dirección editorial: M.ª Jesús Díaz
Diseño: Estelle Talavera
Textos: Niko Domínguez
Revisión: Ana Doblado
Ilustraciones: F. Valiente / Equipo Susaeta

C/ Campezo, 13 - 28022 Madrid
Tel.: 91 3009100
www.susaeta.com
Impreso y encuadernado en España

D.L.: M-5993-MMXIV

101

COSAS QUE DEBERÍAS SABER SOBRE LOS

CASTILLOS MEDIEVALES

susaeta

Contenido

Saqueo y pillaje

1 La lucha por la supervivencia

Desde el principio de los tiempos el ser humano ha tenido que defenderse de multitud de peligros en sus asentamientos. Depredadores animales, ataques de pueblos vecinos, ejércitos invasores venidos de lejos… Durante la Edad Media las pequeñas aldeas estaban a merced de la mayoría de estos peligros.

2 Los saqueadores, el mayor peligro de la época

Sin piedad y con extrema violencia, los saqueadores asaltaban las aldeas y asentamientos para llevarse todo lo que hubiera de valor, sembrando muerte y destrucción a su paso.

3 ¡Las mujeres y los niños primero!

La prioridad era poner a salvo a la parte más débil del poblado, aunque en muchas ocasiones el lugar quedaba devastado y todos sus habitantes eran asesinados. Sus viviendas, en general de paja o madera, a menudo eran devoradas por las llamas.

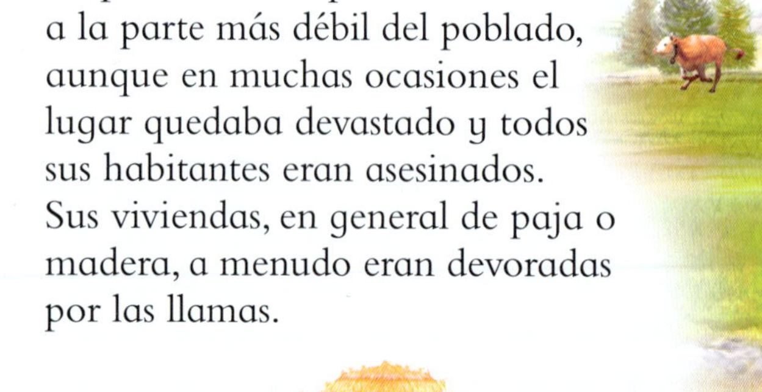

4 Cualquier cosa valía para defenderse del agresor.

A la hora de defenderse cualquier cosa al alcance podía valer. Los habitantes de las aldeas usaban cuchillos, guadañas, palos e incluso piedras, pero resultaba insuficiente para enfrentarse contra espadas, hachas, lanzas y escudos.

5 Era cruel... ¡y era legal!

El pillaje y el saqueo estaban contemplados como algo normal en época de guerra y los botines eran algo fundamental para las tropas. No había nadie que defendiera a la población de estos ataques. Imagina la sensación de inseguridad que debían de tener...

6 El bosque, el mejor escondite

Cuando la aldea estaba situada cerca de un bosque era frecuente que todos los habitantes intentasen huir buscando cobijo y refugio en su espesura, separándose y desperdigándose; pero aun así las bajas eran numerosas.

7 Un suculento sobresueldo

Un soldado podía llegar a cuadruplicar el sueldo que recibía del ejército si tenía «suerte» y la aldea que saqueaba guardaba joyas y otros bienes de valor.

8 Un rey francés intentó regular estas prácticas.

Enrique IV prohibió en 1590 (casi cien años después del final de la Edad Media) que el saqueo o el pillaje de las ciudades pudiese prolongarse más de 24 horas.

9 Los vikingos fueron temibles saqueadores.

Los saqueadores procedentes de Escandinavia, fundamentalmente de Noruega, eran los más crueles y despiadados. La escasez en sus tierras les empujó hacia el sur de Europa.
Como grandes guerreros que eran, campaban a sus anchas.

¿SABÍAS QUE...?

Los vikingos sobre todo atacaban pueblos costeros. A la velocidad del rayo desembarcaban, arrasaban una aldea y volvían a sus naves.

10 ¡El pillaje no fue abolido hasta 1949!

Aunque el pillaje disminuyó considerablemente conforme las sociedades se iban modernizando, todavía siguió existiendo durante muchos siglos, fundamentalmente en épocas de guerra. No se prohibió totalmente hasta la Convención de Ginebra: ¡hace poco más de 60 años!

Primeras aldeas fortificadas

11 En busca de una vida más tranquila

De manera natural los asentamientos se fueron situando en zonas cada vez más seguras y se protegían con empalizadas para mantener a los intrusos a raya. Si tenían la suerte de encontrarse en un lugar rodeado por agua, vivían con cierta seguridad. Si elegían para asentarse una montaña escarpada, la defensa se hacía más fácil, aunque la vida resultase más incómoda... Lo importante era poder frenar a los posibles agresores.

12 Herencia del Imperio romano

Los primeros asentamientos amurallados siguieron el ejemplo de los *castrum* romanos, que eran campamentos militares rodeados de altas empalizadas y con puestos de vigilancia en cada puerta.

¿SABÍAS QUE...?

Para mejorar la protección de las aldeas se cortaban árboles y más árboles, pudiendo llegar a talar bosques enteros.

13 La actividad se desarrollaba dentro de las murallas.

Todas las actividades del pueblo, excepto la caza y el pastoreo, solían desarrollarse en el espacio protegido por las murallas. Era normal encontrar en la población huertos, establos para animales y talleres artesanales de todo tipo.

14 El lugar más seguro

La zona preferida para ubicar las poblaciones era en lo alto de una colina o en la ladera de una montaña. Así se podían construir puestos de vigilancia en las zonas más altas y avistar a los agresores con suficiente antelación para huir o preparar la defensa.

15 Blindar las entradas.

Tras las vallas y murallas se construían otras torres desde donde se defendían las puertas de acceso. Si se divisaba a los agresores con antelación, se hervía agua o aceite para arrojárselo encima si trataban de entrar.

16 Fosos y puentes levadizos

Los poblados situados cerca de un río solían cavar un foso ancho alrededor de la muralla y lo llenaban de agua del propio río. El único paso para entrar en la aldea era un puente levadizo que se podía levantar para cortar el acceso al enemigo en caso de ataque.

17 Las fortificaciones trajeron grandes avances.

Gracias a que lograron una mayor seguridad, los asentamientos se hicieron más permanentes. Esto favoreció que se empezaran a construir casas más robustas que antes y que sus habitantes disfrutaran de una mayor calidad de vida.

18 Un enorme impulso al comercio

Poco a poco los diferentes asentamientos establecieron entre ellos un intercambio comercial regular y los pueblos se fueron especializando en determinados productos. Empezaba a ser normal, por ejemplo, que los pueblos de pescadores intercambiasen sus mercancías con otros de agricultores o ganaderos.

19 La militarización de la defensa

Con el tiempo, estas aldeas y poblados fueron incorporando entre sus habitantes pequeños destacamentos militares del ejército, que se ocupaban de su defensa a cambio de víveres y alojamiento. Este fue el germen que daría lugar a los grandes castillos y villas feudales.

Los primeros castillos

20 Un trabajo muy largo

Los normandos, procedentes de Escandinavia, tardaban unas semanas en levantar los primeros pequeños castillos de madera, y luego necesitaban varios meses para terminarlos por completo. Sin embargo, cuando se trataba de construir un castillo de piedra, los trabajos se prolongaban durante muchos años.

21 Con permiso del rey

Para construir un castillo era necesario que el rey otorgase lo que se llamaba «permiso para almenar». Si no se pedía este permiso o se fortificaba una aldea ya existente a escondidas, el rey podía tomarla y declararla suya.

22 Los muros tenían un grosor descomunal.

Era importante construir muros gruesos para que el enemigo desistiese de la idea de tirarlos abajo. ¡En ocasiones tenían hasta 6 m de ancho! Normalmente se construían dos paredes paralelas y se rellenaba de escombros el espacio que quedaba entre ellas.

23 Un trabajo de precisión

Muros y torres se hacían con piedras talladas llamadas sillares, que se colocaban a mano y se unían unas con otras usando una especie de cemento llamado mortero o argamasa. Este sistema tradicional de construcción se denomina mampostería. Los constructores usaban un nivel para asegurarse de que cada piedra estaba alineada, si no... ¡el castillo se podía venir abajo!

¿SABÍAS QUE...?

Los clavos eran muy importantes en el proceso de construcción de los castillos. El castillo de York, por ejemplo, tenía almacenados cerca de 43.000 clavos en el año 1327.

24 Una impermeabilización sorprendente

Para preservar los muros de la lluvia y evitar que la argamasa perdiese consistencia al mojarse había que protegerlos de alguna manera… De modo que se recubrían las paredes con una mezcla de arcilla, estiércol animal y crines de caballo: parece ser que era muy eficaz.

25 El trabajo de muchos artesanos especializados

Albañiles, carpinteros, herreros… era fundamental contar con trabajadores experimentados. El jefe que dirigía la obra era el maestro albañil y tenía que coordinar todos los trabajos y realizar cálculos para garantizar que la edificación fuera extremadamente sólida. Si eso se hace con una casa pequeña hoy día, ¡imagínate con qué cuidado había que construir por aquel entonces un gran castillo!

26 Escaleras pensadas para obstaculizar al invasor

¡Estaba muy bien pensado! De esta forma a un defensor diestro le era más fácil blandir su espada para impedir el paso al enemigo. Al invasor del castillo, generalmente diestro también, le estorbaba la pared a su derecha y no podía manejar bien la espada.

27 Ingenio y paciencia

Como los animales de tiro y carga no podían acceder a las torres y murallas, se usaban grúas para subir las enormes piedras una a una. Se empleaba la clásica grúa de torno, con dos poleas y un torno donde se enrollaba la cuerda. La curiosa grúa de rueda era también muy común: dos personas se metían dentro de una rueda enorme de madera y caminaban por dentro para hacerla girar y que subiera la carga.

28 Diseñados para ser infranqueables

Los primeros castillos medievales eran puramente defensivos y se construían en lugares ya de por sí de difícil acceso. Se elegían cerros altos y escarpados para dificultar la llegada de tropas que pretendiesen atacarlos.

29 Las torres redondas fueron las más usadas.

Al principio las torres se hacían cuadradas, pero luego se dieron cuenta de que haciéndolas redondas resultaban más robustas al no tener ángulos. Además, con esa forma se podían repeler ataques desde cualquier dirección.

Grandes castillos

30 Temibles construcciones acorazadas

Desde los castillos, los señores feudales planeaban las estrategias de guerra que se desarrollaban a campo abierto y tomaban importantes decisiones. Eran moles magníficamente construidas para resistir los peores ataques del exterior.

31 Preparados para resistir.

Si la guerra iba mal y el enemigo llegaba hasta el castillo, era importante poder defenderlo el mayor tiempo posible. ¡A veces un castillo podía permanecer sitiado, rodeado por el enemigo, durante meses!

32 Con tan solo un puñado de hombres

Los castillos estaban tan fortificados y eran tan inaccesibles que no se necesitaban muchos soldados para mantener a los enemigos a raya. Sin embargo, durante las épocas de guerra solían estar repletos de granjeros y agricultores procedentes de los pueblos cercanos, que acudían a buscar refugio y que también luchaban con uñas y dientes para defenderlo.

¿SABÍAS QUE...?

En ocasiones los castillos contaban con pasadizos secretos solo conocidos por unos pocos que le servían al señor como vía de escape de emergencia.

33 Eran importantes también en épocas de paz.

Los grandes castillos en la Edad Media servían también a los nobles como vivienda y lugar desde donde administraban sus tierras. Poco a poco fueron integrándose en la vida de los pueblos cercanos dando cabida a ferias y mercados dentro de sus murallas.

34 Cuanto más grandes eran, más murallas tenían.

Los castillos de grandes dimensiones tenían dos murallas, cada una con su puente levadizo. Con el tiempo los espacios entre las dos murallas se convirtieron en huertos y jardines.

35 En la Edad Media casi nadie sabía nadar.

El foso de los grandes castillos era muy ancho y profundo. Y era útil tanto en épocas tranquilas como revueltas. Como eran pocos los que sabían nadar, tenían que cruzarlo en barca, siendo un blanco fácil para los arqueros del castillo. El foso se usaba también para criar aves acuáticas, como los patos, y se pescaban los peces que vivían en sus aguas.

36 Los castillos no eran para los reyes.

Uno podría pensar que los reyes vivían en castillos, pero lo cierto es que no eran nada cómodos. ¡Los inviernos eran muy fríos entre sus muros! Los reyes vivían en majestuosos y cómodos palacios y, aunque pasaban temporadas en el castillo, no era lo habitual en tiempos de paz.

37 Un premio para nobles

Durante la guerra el rey se mantenía lejos del campo de batalla comandando los ataques y ordenando a sus tropas. En muchos casos premiaba a los soldados o caballeros más valientes con tierras y títulos nobiliarios. Más adelante llegaba incluso a financiar los castillos desde los que los nobles gestionarían y defenderían sus tierras.

38 Una iglesia dentro del castillo

En la Edad Media la religión siempre estaba presente. Los castillos incluso podían tener una iglesia o una capilla en su interior. Antes de partir a la batalla, los caballeros solían orar para preparar sus almas y después eran sus damas las que lo hacían para pedir que volviesen sanos y salvos.

39 La torre del homenaje

Era el edificio principal de un castillo. En la última planta se alojaban el señor y su familia, y en el resto se encontraban las estancias más importantes: el comedor —donde celebraban fiestas y banquetes—, la sala de la guardia personal del señor, las despensas y las cocinas. Si el castillo era tomado, los defensores se atrincheraban en esta torre y la defendían hasta el final.

40 El torreón más alto, siempre alerta

En el torreón principal, casi siempre encima de la torre del homenaje, había un puesto de vigía permanente. Desde lo alto se dominaba una gran extensión de terreno y permitía divisar al enemigo si se acercaba.

41 El falso mito de las mazmorras

Debajo de las torres estaban las mazmorras, pero, a diferencia de lo que normalmente se piensa, no eran ni cárceles ni salas de tortura. Generalmente se usaban como almacenes donde se guardaban armas y víveres para varios meses.

42 En la Edad Media se hacían pocos prisioneros.

Los castillos no tenían celdas para los prisioneros porque en esa época no era frecuente hacerlos. La única excepción era cuando se apresaba a un pariente de algún personaje importante del ejército enemigo; en ese caso el prisionero permanecía custodiado por guardias, ¡pero generalmente vivía como cualquier otro «invitado» del castillo!

43 El patio de armas

Junto a la torre del homenaje había una zona descubierta alrededor de la cual se situaban el resto de edificaciones del castillo: era el patio de armas. Allí es donde se pasaba revista a las tropas y se hacían entrenamientos de lucha cuerpo a cuerpo.

Los habitantes del castillo

44 Los señores feudales

Durante la Edad Media se estableció un orden político feudal. El rey o el emperador era quien tenía más poder, pero repartía su reino entre otros nobles para que gobernasen por él y lo protegiesen. Estos nobles, a su vez, repartían sus tierras entre otros nobles menos importantes para que las trabajasen. Luego iban pagando impuestos y tributos desde el más pequeño señor hasta el rey, pasando por los diferentes nobles menores.

45 La ceremonia del homenaje

Es la que da nombre al edificio principal de los castillos. En esa ceremonia el señor de las tierras y dueño del castillo le entregaba a un noble menor, llamado vasallo, unas tierras a cambio de *auxilium et consilium,* es decir, apoyo político y servicios militares.

46 El precio de la protección

Los habitantes de los pueblos y aldeas pagaban tributos (impuestos) al señor del que dependían. Los agricultores le entregaban parte de su cosecha, los ganaderos, carne y pieles, y el resto de habitantes pagaban un tributo en dinero si es que no se les exigía ningún servicio.

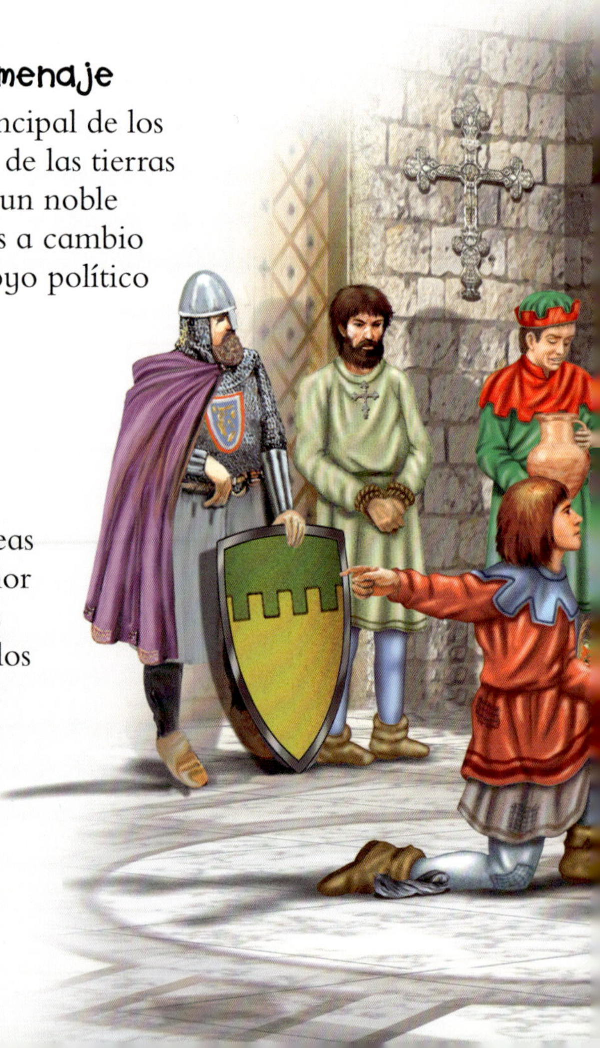

47 Un pequeño pueblo en sí mismo

Cuando un gran señor, o incluso el rey, estaba en el castillo, ¡había cerca de doscientas personas viviendo en él! La familia del señor, su guardia personal y los sirvientes constituían la mayor parte. También había representantes de la Iglesia y soldados que ocupaban las estancias fuera de la torre del homenaje.

¿SABÍAS QUE...?

El único que podía burlarse de los reyes sin censura era el bufón.

48 La señora y sus doncellas

Por la mañana la señora del castillo disponía qué se iba a comer y daba órdenes sobre las tareas domésticas que debían realizar sus doncellas. Aparte de esto, ocupaba su tiempo en dar paseos por los bosques cercanos y practicar aficiones como el bordado.

49 ¡Compartían habitación!

Para los señores feudales la privacidad a la hora del descanso no siempre era imprescindible. De hecho, a menudo algunos sirvientes, e incluso los perros del señor, compartían la estancia por la noche y dormían en el suelo junto a sus señores.

50 La Iglesia tenía una gran importancia.

Durante la Edad Media la Iglesia tomó un papel protagonista y todo castillo tenía un capellán que se encargaba del funcionamiento de la capilla del castillo.

51 Solo unos pocos privilegiados sabían leer y escribir.

Los escribanos eran aquellos que tenían por oficio escribir, algo raro en la época, y normalmente se dedicaban a copiar documentos a mano. ¡Rara vez había más de una docena de libros en una casa!

52 Los hombres de confianza

Los caballeros eran los militares más importantes. A diferencia del resto de soldados, tenían que pertenecer a la nobleza. Antes de ser nombrado caballero había que haber sido primero paje y después escudero de otro caballero. De esta forma se transmitían los conocimientos y la tradición de la guerra y del honor.

53 Identificar a los caballeros.

Cuando los caballeros llevaban puesta la armadura con su yelmo era muy difícil diferenciarlos, por eso cada uno llevaba un escudo diferente decorado con imágenes que permitía saber quién era quién sin necesidad de ver el rostro.

54 Cuando aún no había bancos.

En la Edad Media cada noble debía guardar su propio dinero y sus joyas a buen recaudo. Para ello se elegía una habitación muy segura que era custodiada noche y día por varios guardianes. El chambelán, que era quien llevaba al día muchas cosas del hogar, debía controlar estrictamente las cuentas.

Torneos y fiestas

55 Una época de festividades

Durante el siglo XIII, más o menos un tercio del año era festivo. ¡Cada semana tenía dos días de celebraciones y fiestas! Los torneos donde se enfrentaban los mejores caballeros despertaban gran fervor en las zonas de influencia de los castillos.

56 Las bodas en los castillos

El castillo se engalanaba con flores y estandartes y los festejos duraban días. Solían ser en junio por una sencilla razón: el primer baño del año era en mayo... ¡así durante la boda no olerían tan mal como en pleno invierno!

57 El origen de los juegos típicos medievales

Los caballeros con alguna rencilla se retaban para salvaguardar su honor concertando lo que llamaban una «justa», un combate a caballo en el que los contendientes se enfrentaban al galope y trataban de derribar al contrario con la lanza. El que era derribado perdía y en muchas ocasiones moría o terminaba gravemente herido. Si ninguno caía, ganaba el que más lanzas hubiera roto contra su rival.

58 Una valla de por medio

Una valla de madera separaba a los dos participantes de la justa. De esta forma se evitaba que los caballos chocasen en su carrera o que algún caballero cayese en la tentación de cruzarse y asestar un golpe a traición.

¿SABÍAS QUE...?

Cada caballero llevaba consigo el pañuelo de su dama cuando iba a combatir.

59 Las reglas de las justas en los torneos eran muy claras.

Normalmente las lanzas usadas en los torneos tenían la punta plana. Lo mismo ocurría con las espadas usadas cuyo filo, además, no cortaba. Las reglas eran: no herir de punta al contrario; no pelear fuera de filas; no luchar varios caballeros contra uno solo; no herir al caballo del rival; descargar solo los golpes al rostro y al pecho del contrario, y no herir al caballero que alzara su visera.

60 Los grandes eventos de la época

Sin lugar a dudas, los festejos más grandiosos se celebraban cuando se coronaba a un nuevo rey. Algo parecido ocurría cuando entraba en una ciudad un monarca o un noble victorioso de una batalla importante. Todo el pueblo salía a la calle para recibir al homenajeado en señal de fidelidad y respeto; luego se celebraba un gran banquete en el castillo al que asistía la nobleza.

61 Los torneos: grandes acontecimientos

Durante la Edad Media no tenían fútbol, ni cine, ni grandes conciertos de música… en su lugar tenían los torneos. Duraban cerca de una semana y se trataba de una demostración de las mejores cualidades caballerescas en varias disciplinas. Hacían las delicias de los habitantes de las ciudades más grandes, que apoyaban a los caballeros como hacemos hoy con las estrellas del deporte.

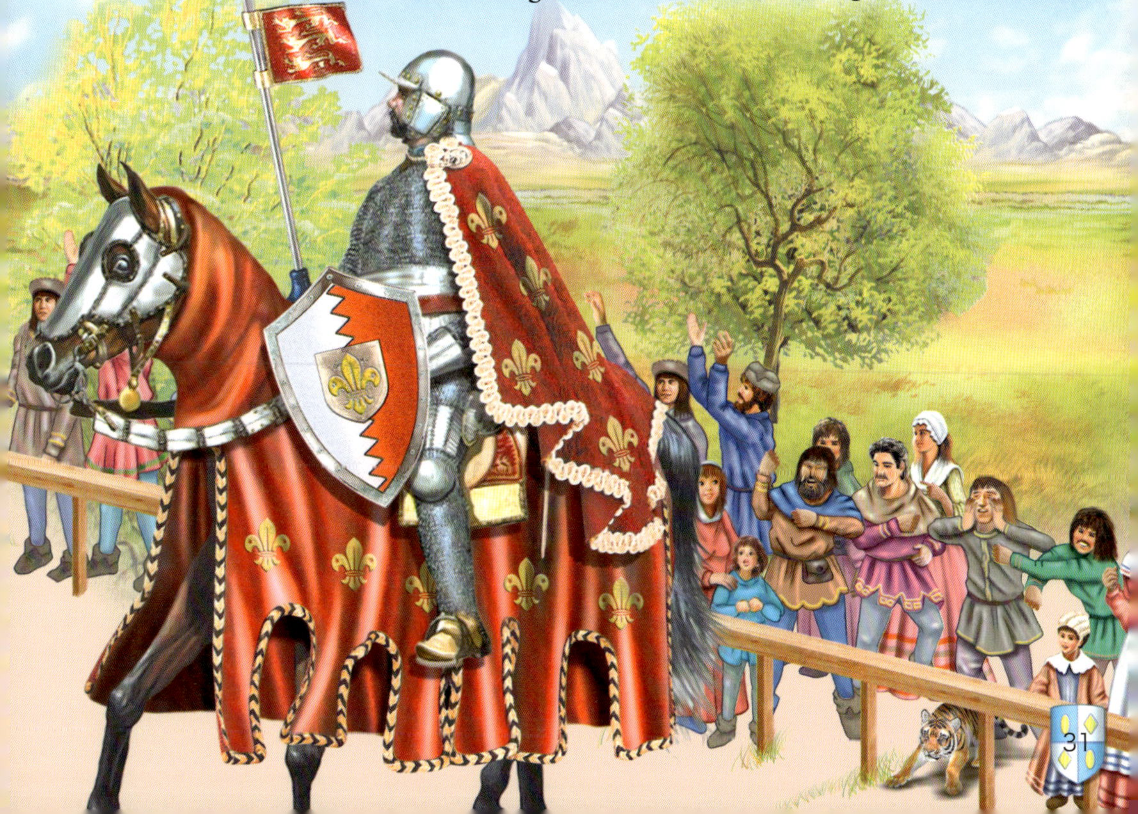

62 Participar era emocionante, pero podía ser muy peligroso.

Aunque generalmente los torneos tenían un carácter festivo y servían de entrenamiento a los caballeros, había veces en que se volvían extremadamente peligrosos por la rivalidad tan grande que había entre los caballeros. En un torneo celebrado en Alemania en 1240 murieron nada más y nada menos que… ¡80 caballeros!

63 ¡Premio para el ganador!

El ganador de cada justa se hacía con las armas y el caballo del perdedor, además de lo que hubiera ofrecido el organizador del torneo. Las justas eran los juegos estelares de los torneos y perder era un gran deshonor.

64 Un público entregado

La gente seguía con fervor cada enfrentamiento y aclamaba a los vencedores mientras sonaban marchas marciales. Los jinetes se iban creando fama con cada combate, hasta el punto de convertirse en auténticas leyendas. Los niños jugaban a ser sus ídolos… ¡Eran auténticas estrellas medievales!

65 La quintena, juego y entrenamiento

En este juego los caballeros embestían con su lanza a un maniquí móvil llamado estafermo o a un escudo. Este, al ser golpeado, giraba sobre un eje con gran fuerza y rapidez, y asestaba un garrotazo o golpeaba con un saco de arena al caballero, que debía ser hábil para esquivarlo. A menudo se producían cómicas caídas y el público estallaba en carcajadas.

66 La sortija, para poner a prueba la puntería.

Se trataba del juego para el que hacía falta mayor puntería. Se colocaba una anilla en mitad de los carriles de las justas y los caballeros, en vez de derribar al contrario, debían tratar de ensartar esta sortija con la punta de su lanza.

67 Otras competiciones menores

Los caballeros también combatían en luchas con espada y escudo, y los escuderos participaban sin armas en competiciones de lucha libre. También había otras competiciones abiertas a más participantes, como el tiro con arco o los dardos.

Un gran festín

68 Nada como un buen banquete

Para los grandes señores y reyes medievales la mejor forma de celebrar cualquier cosa era con una gran comilona. En una sala de la torre del homenaje desplegaban largas mesas hechas con tableros y caballetes y disponían a los comensales en un solo lado de la mesa para poder servirles de frente. Cuanto más poderoso fuera el anfitrión, más grandioso debía ser el banquete.

69 La carne era la protagonista.

Durante el banquete se servían muchos tipos de carne asada y se alternaban con deliciosos platos de aves de caza o de corral. También se tomaban verduras y pescado, pero la carne asada era la gran protagonista. ¡Para los dulces no se esperaban al postre!: servían pasteles y frutas junto con los platos salados.

70 ¿Vino o cerveza?

En todos los países mediterráneos se bebía vino durante los banquetes y casi siempre había muchos tipos distintos. En Inglaterra, en Escandinavia y al norte de los Alpes, en países como Alemania, Austria o Hungría, la cerveza era la bebida predilecta. Era lo más normal ver a más de un comensal borracho tras horas de comer y beber sin pausa.

¿SABÍAS QUE...?

Los banquetes normalmente duraban entre 8 y 10 horas y a menudo servían para cerrar pactos y alianzas.

71 Actividad frenética en la cocina

Las cocinas funcionaban de manera continua y no paraban de llegar carros con comida y vino. Daba igual cuánto tiempo llevasen trabajando: ¡mientras hubiera comensales hambrientos no debían faltar alimentos en los platos!

72 Actuaciones en directo

Los trovadores y juglares eran los poetas y cantautores de la época y se encargaban de tocar música y entretener a los comensales con sus canciones épicas. El bufón del señor, que casi siempre era un enano o un jorobado, se encargaba de hacerles reír con chistes y malabarismos.

La vida fuera del castillo

73 Era imposible prosperar.

En las aldeas y pueblos bajo la protección de un castillo, la gente no podía progresar económicamente, pues debían pagar al señor feudal un arrendamiento por las casas y otro por las tierras de cultivo, además de otros impuestos. La vida fuera del castillo era radicalmente distinta a la de los nobles, era mucho más dura.

74 A merced de cualquier contratiempo

Los habitantes de las aldeas a veces eran sacudidos por temporales que arruinaban las cosechas, brotes de enfermedades que se propagaban fácilmente o simplemente por grandes subidas de impuestos debidas a alguna guerra… Estas catástrofes les condenaban a vivir en la miseria.

75 Viviendas humildes

Durante la mayor parte de la Edad Media las edificaciones del pueblo se construían con madera, adobe y piedra en el mejor de los casos. Como los tejados eran de paja, uno de los principales problemas que tenían eran los incendios, que eran muy comunes y obligaban a reconstruirlas a menudo.

¿SABÍAS QUE...?

La orina humana tuvo muchos usos; en las lavanderías la usaban como blanqueador de tejidos... ¡Hasta se llegó a usar como dentífrico!

76 ¡Ni siquiera dormían en camas!

Las camas se consideraban un lujo y las personas dormían en lechos de paja en el suelo. Quien podía iluminaba la casa con velas. Lo normal era que no hubiese platos, así que comían sobre trozos de pan. Los niños construían sus propios juguetes y no había lugar para gastos superficiales.

77 Una alimentación muy limitada

La mayoría de la población mantenía una dieta basada en los cereales y lo que se cosechaba en su región. Pocas veces se comía un buen trozo de carne o pescado y las sopas con pan eran muy comunes. ¡Se estima que la dieta se constituía de cereales en un 70 %!

78 Meses sin ducharse...

La época medieval fue una de las menos higiénicas. La gente pasaba meses sin darse un baño... así que nos podemos hacer una idea del olor que reinaba en el ambiente. ¡Encontrarse rodeado de una multitud debía de ser asfixiante!

79 La calefacción más rudimentaria

Lo normal era que la planta baja de las casas fuera un corral o un establo y que las personas durmiesen en un altillo. De esta forma se aprovechaba el calor generado por los animales. Los suelos eran como un estercolero… ¡Imagina el olor tan nauseabundo que tenían que aguantar en la casa!

80 Las calles, focos de infección

Como las ciudades carecían de alcantarillado, las calles estaban embarradas durante todo el año. Todo el mundo tiraba sus desechos al suelo y no había ningún servicio de limpieza. La falta de higiene provocaba que surgieran enfermedades muy mortíferas y que se contagiaran con gran facilidad.

81 ¡No había colegio!

Los niños ayudaban a los adultos en sus tareas y poco a poco iban aprendiendo un oficio. Herreros, albañiles, zapateros... todos tenían aprendices que les ayudaban. Las niñas no tenían las mismas posibilidades y se tenían que quedar ayudando en las tareas de la casa.

82 Riqueza para el señor

Los campesinos eran siervos del señor feudal y le tenían que entregar ¡la mitad de su cosecha! Con el resto alimentaban a su familia y si les quedaba algo, trataban de venderlo en el mercado.

83 La sabiduría popular, en contacto con la naturaleza

Pese a que la economía y la cultura eran muy pobres, la sociedad rural tenía un entendimiento de la naturaleza mucho mayor que el que tenemos actualmente. Conocían las hierbas y sus propiedades curativas, los movimientos del sol, sabían orientarse con las estrellas... Cazaban para alimentarse y talaban árboles con mesura.

84 Una feria dentro de las murallas del castillo

Cada cierto tiempo se celebraba una feria en el castillo, a la que acudían comerciantes de toda la región para vender sus animales, frutas, hortalizas, vino… Era todo un acontecimiento donde no faltaban malabaristas, juglares... ¡y algún que otro ratero!

85 Una triste comparación

Se puede decir que vivir en la Edad Media en Europa era durísimo. Pero lo peor es que hoy día, en pleno siglo XXI, aún existen algunos países pobres donde las condiciones de vida son incluso peores que entonces.

¿SABÍAS QUE...?

A los ladrones, si se les pillaba robando, se les cortaba la mano derecha.

¡Nos atacan!

86 Ojo a todos los frentes... ¡allí puede estar el enemigo!

Para asaltar un castillo hacía falta una gran organización si no se querían perder muchos soldados en el intento. Estudiar todas sus defensas resultaba fundamental y no era tarea fácil encontrar el punto débil de un castillo bien construido.

87 Sitiar el castillo, la mejor opción.

Si se disponía de tiempo, esta era la mejor opción, puesto que aislar el castillo rodeándolo obligaba a sus habitantes a consumir todas sus provisiones y con el tiempo se esperaba que se rindiesen. Entre otras tácticas, los atacantes contaminaban el foso con animales muertos, y también los lanzaban al interior del castillo para transmitir enfermedades.

88 Si no había tiempo para sitiarlo...

… entonces se preparaba un ataque. Se elegían varios frentes para dividir a los defensores y se trataba de apabullarlos con ataques feroces y continuados. De esta forma la defensa se iba agotando y bajaba su rendimiento.

89 Las máquinas de ataque a distancia

Las catapultas eran las armas más dañinas contra los muros y el interior del castillo. El trabuquete, una catapulta pequeña, lanzaba piedras a una gran altura que caían dentro del recinto del castillo. También podían lanzar animales muertos y vasijas llenas de cal, que quemaba la piel de los defensores… ¡Incluso lanzaban cabezas humanas!

90 La «derribamuros»

El almajaneque o maganel era otro tipo de catapulta que disparaba proyectiles de trayectoria baja que debilitaban y destruían las murallas. Aunque se necesitaban muchos días de bombardeos incesantes para abrir una brecha, los defensores del castillo no podían hacer nada contra ella.

91 La importancia del agua

Ante cualquier ataque, la primera medida consistía en cortar el acceso al castillo. El puente levadizo se levantaba por un sistema de contrapesos, y para volver a bajarlo bastaba con tirar de las cadenas hacia arriba. Además, los castillos más sofisticados disponían de pozos o de aljibes, unos depósitos bajo tierra donde se almacenaba el agua procedente de la lluvia. Esto era vital para garantizar la supervivencia dentro del castillo.

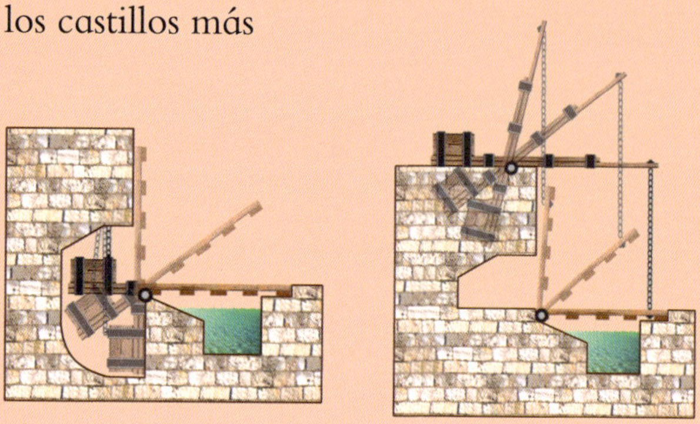

92 Las estratégicas aspilleras

Las aspilleras también se llamaban balistrarias o saeteras y eran unas aberturas muy estrechas por las que disparaban los arqueros. Estaban situadas estratégicamente por todos los muros del castillo y se ensanchaban hacia el interior para que el arquero pudiese disparar cómodamente sin exponerse a que le alcanzasen.

93 Adaptación a las nuevas armas

Las aspilleras fueron cambiando de aspecto conforme los arcos se iban mejorando. Cuando apareció la ballesta, las aspilleras tomaron forma de cruz para permitir a los ballesteros maniobrar mejor.

94 Un último obstáculo antes de la puerta

Para poder entrar al castillo, el enemigo tenía que derribar el portón principal o bien quemarlo. Para evitarlo, justo antes de la puerta se instalaba una especie de reja llamada «rastrillo». El rastrillo era de madera recubierta de hierro o acero para protegerlo del fuego; se dejaba caer para cerrar el paso a los atacantes.

95 Una táctica de defensa cruel: los agujeros asesinos

Cuando los muros principales eran muy anchos había dos rastrillos, uno en cada lado. A menudo se abría el primero para dejar entrar al enemigo y, cuando un buen número de hombres había entrado, se volvía a cerrar dejándolos encerrados. En el techo de la entrada solía haber unos huecos, conocidos como «agujeros asesinos», desde donde se vertía sobre los soldados enemigos agua hirviendo, arena caliente o incluso brea a la que luego se prendía fuego.

96 El foso, una trampa mortal

Eran pocos los soldados que sabían nadar y los que se aventuraban a cruzar el foso a nado solían encontrar la muerte ahogados o alcanzados por alguna flecha. Eran un blanco fácil, porque se avanzaba lentamente.

97 Objetivo: atravesar la puerta.

Aunque era una de las tareas más peligrosas, a veces se intentaba derribar la puerta del castillo con un ariete. Este era un tronco con punta reforzada que se suspendía en una estructura para poder golpear la puerta repetidamente hasta romperla.

98 Un punto débil: bajo tierra

El ataque más sofisticado consistía en excavar un túnel hasta los cimientos de madera de los muros y quemarlos para que se derrumbasen por sí mismos. Mientras los excavadores hacían su trabajo, otros soldados les cubrían usando como protección unas barreras de madera llamadas manteletes.

99 Escalar los muros tampoco era fácil.

Los soldados intentaban subir por los muros usando escalas y torres de asedio, ataques que la defensa intentaba repeler prendiendo fuego a dichas torres, tirando piedras, aceite hirviendo o brea desde las almenas. O incluso empujando las escaleras con un gancho cuando el soldado estaba muy arriba.

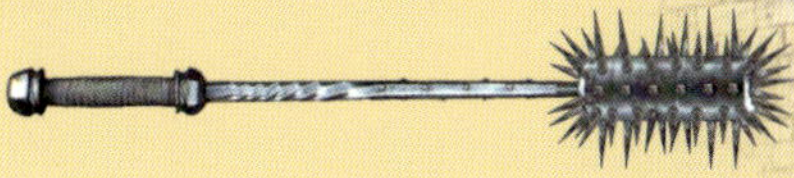

100 Armas para defender y para atacar.

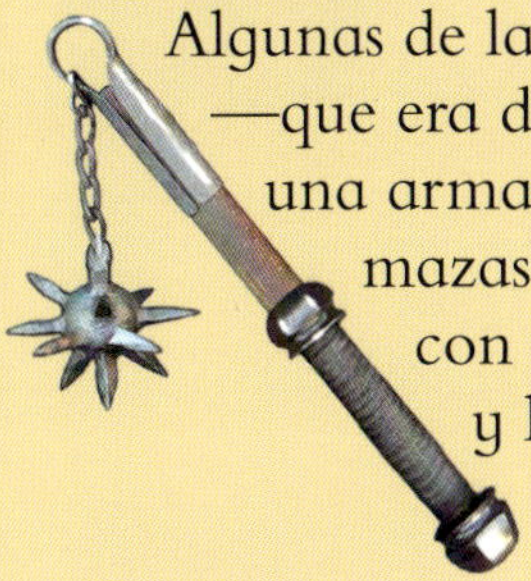

Algunas de las armas más utilizadas fueron la ballesta —que era de corto alcance pero capaz de atravesar una armadura—, el hacha de doble filo, las mazas de pinchos y de bola, los arcos con flechas incendiarias y la espada.

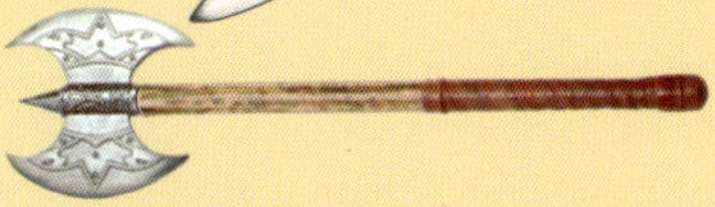

101 El final de un castillo

Tras un asedio victorioso, el castillo quedaba totalmente inservible y la mayoría de las veces se abandonaba. Los campesinos aprovechaban las piedras y las maderas en buen estado, y la naturaleza lo iba invadiendo todo poco a poco.

Índice